DINOSAURIER MALBUCH

DIESES BUCH GEHÖRT:

Dinosaurs
Tyrannosaurus

Dinosaurs
brachiosaurus

Dinosaurs
Stegosaurus

Dinosaurs
Pterodactyl

Dinosaurs

Dinosaurs
Styracosaurus

Dinosaurus
dilophosaurus

Dinosaurs
Oviraptor

Dinosaurs
Velociraptor

Dinosaurs!
Triceratops

Dinosaurs
leptoceratops

Dinosaurs!
iguanodon

Dinosaurs
Dimetrodon

Dinosaurs
Carcharodontosaurus

Dinosaurs
Baryonyx

Dinosaurs!
Plesiosaurus

Dinosaurs
Parasaurolophus

Dinosaurs
Pachycephalosaurus

Dinosaurs
liopleurodon

Dinosaurs
Styracosaurus

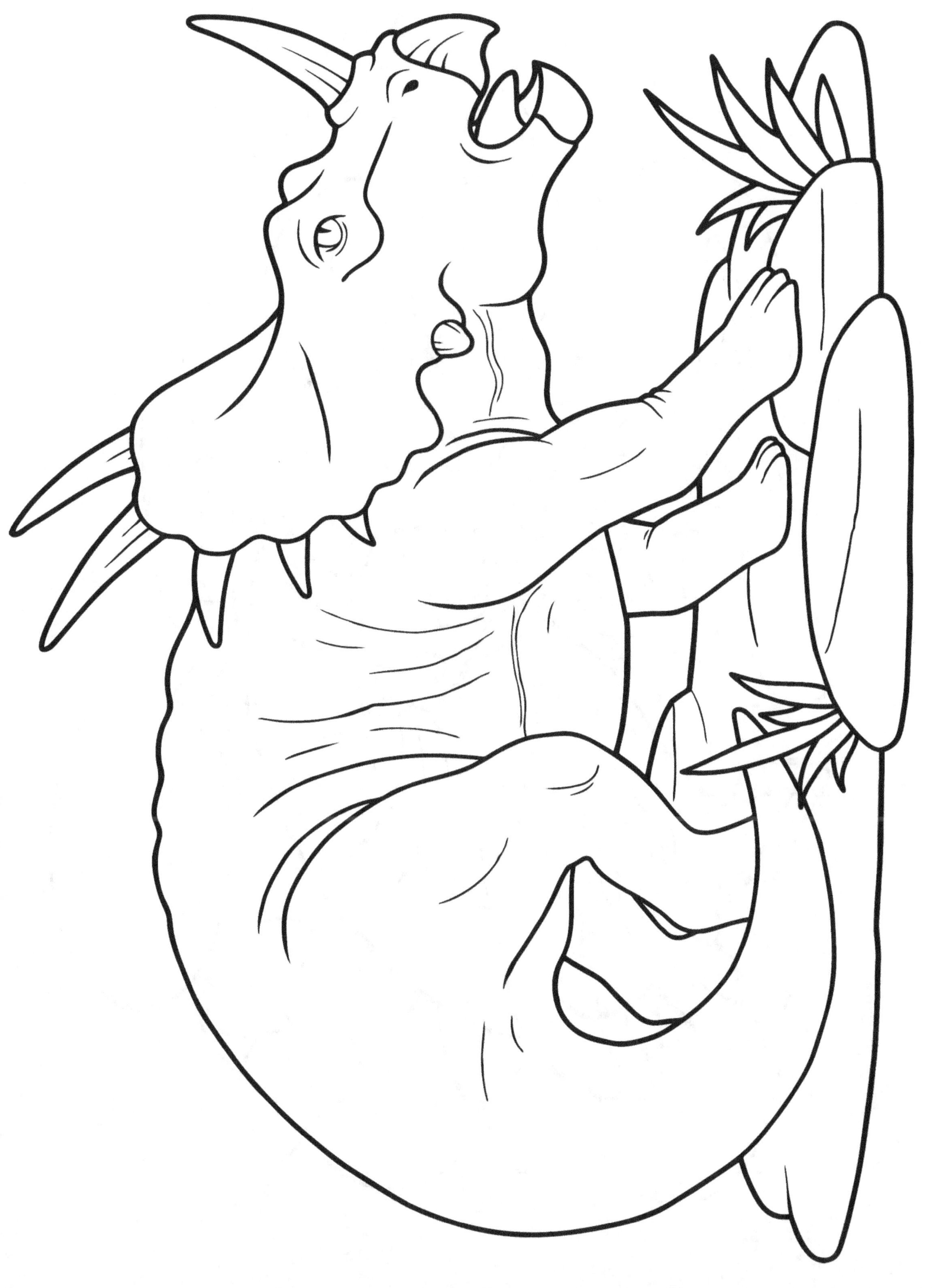

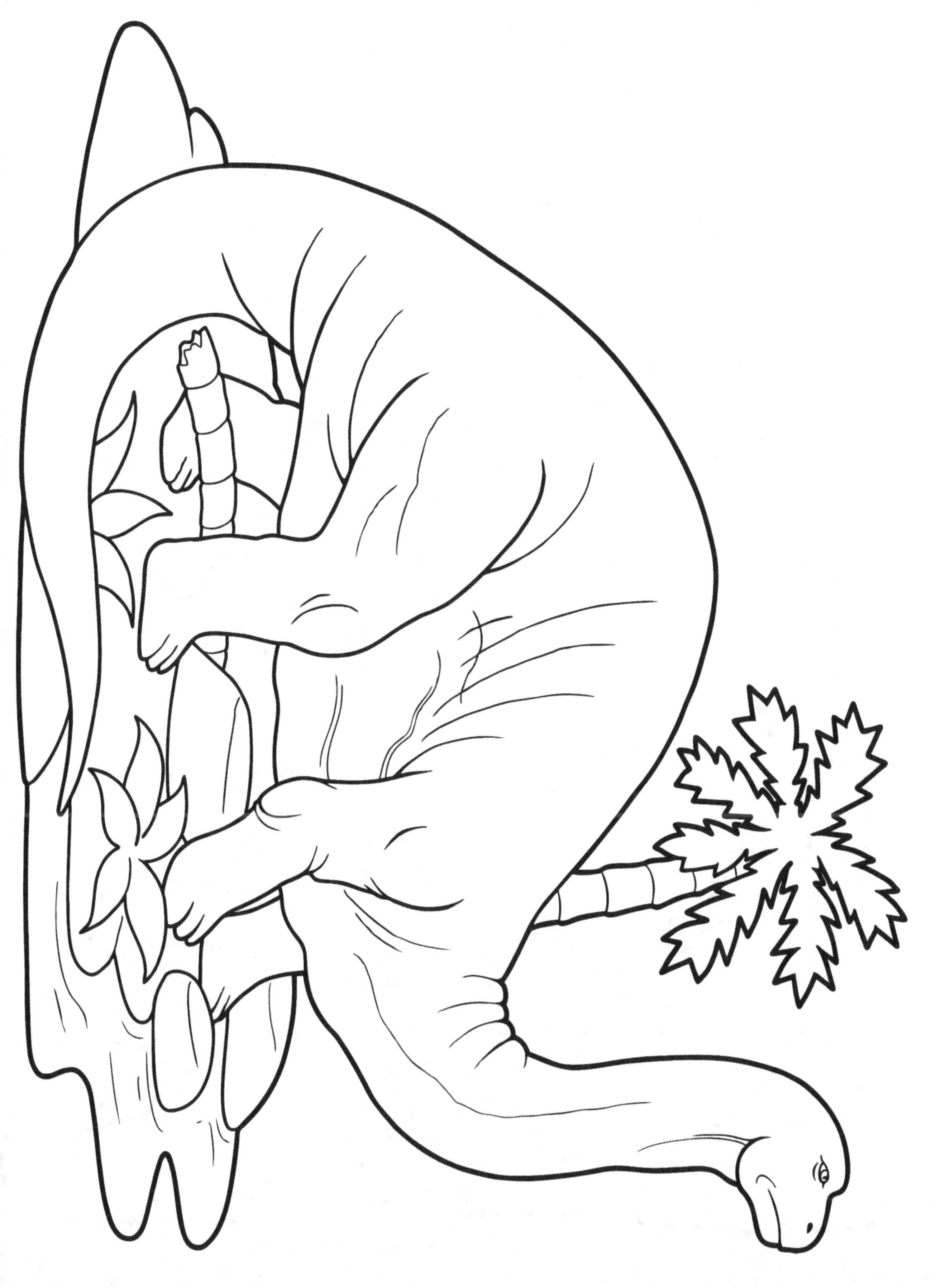